Martin Luther

Den sande kirke
og
Den falske kirke

Martin Luther

Den sande kirke
og
Den falske kirke

Oversat og tilrettelagt

Finn B. Andersen

© 2018 Finn B. Andersen

Oversat og tilrettelagt: Finn B. Andersen

Forlag: Books on Demand GmbH, København, Danmark

Tryk: Books on Demand GmbH, Norderstedt, Tyskland

ISBN 978-87-430-0211-6

Indholdsfortegnelse

Indledning

Luthers skrift "Om den sande og falske kirke" er et uddrag af skriftet "Wider Hans Wurst", som Luther udgav i 1541. Det var et gensvar til hertug Heinrich von Braunschweig-Wolfenbüttel, som var stor modstander af reformationen. Luther kalder ham spottende "Hans Wurst", som på dansk kan gengives med "Pølse-Hans". Det var en kendt klovnefigur eller nar, som svarer lidt til vores Pjerrot.

I uddraget fra dette skrift, som udkom i særtryk i 1543, behandler Luther forskellen mellem den sande og falske kirke. Han viser, hvad der er deres respektive kendetegn. Han viser, at det i virkeligheden er den lutherske kirke, der er den gamle, sande kirke. Det er nemlig den lutherske kirke, der fastholder alle den oprindelige kirkes lærepunkter, mens den pavelige kirke har tilføjet en lang række nye ting, uden belæg i hverken skrift eller tradition. Og værst af alt har paven forvanske den apostolske lære om menneskets frelse alene ved tro på Kristus og har i stedet indført en lang række menneskelige præstationer.

I uddraget giver Luther desuden sin opfattelse af, hvordan reformationen i det hele taget begyndte og hvad årsagen var. Originalteksten "Von rechter und falscher Kirchen" 1543 findes i WA 51, 469-572.

Finn B. Andersen

Om den gamle, sande kirke - hvad, hvor og hvem den er og hvordan man skal kende den

Årsagen til at papisterne anklager os er følgende: De påstår, at vi er faldet bort fra den hellige kirke og oprettet en anden, ny kirke. På dette svarer vi: Fordi de selv berømmer sig af at være kirke, er de skyldige at bevise det. Om de kan bevise dette med en eneste gyldig grund (vi begærer ikke flere grunde), så skal vi erkende os besejrede. Da skal vi give os fangne og sige: "Peccavimus, miserere nostri" (vi har syndet, forbarm jer over os). Men om de ikke kan bevise sin sag, så må de erkende (det må ske villigt eller uvilligt) at de ikke er kirke, og at vi ikke kan være kættere som er faldet bort fra denne ikke-kirke. Ja, fordi der ikke findes noget derimellem, så må vi være Kristi kirke og de Djævelens kirke, eller tværtom. *Derfor afhænger alt af det her punkt, at man beviser, hvem der er den rette kirke.*

Så længe beviset ikke findes, er det urimeligt, at en part berømmer sig af at være kirke og anklager den anden for at være kættere. Den ene part må have ret og den anden uret. *For det findes bare to slags kirker, fra verdens begyndelse til dens slutning.* Augustin kalder dem for Kain og Abel. Og Herren Kristus befaler os, at vi ikke skal have noget med den falske kirke at gøre. Han skiller selv mellem to kirker, en ret og en falsk: "Tag jer i vare for falske profeter, som kommer til jer i fåreklæder." (Matt 7, 15).

Dér, hvor der findes profeter, findes der også kirker, hvor de underviser. Om profeterne er falske, så er også kirkerne falske, fordi man tror på profeterne og følger dem.

Nu har vi hidtil aldrig kunnet få papisterne til at bevise, hvorfor de skulle være den rette kirke. De henviser bare til Matt 18, 17 ("Lytter han ikke heller til kirken skal han for dig være som en hedning og tolder") og siger: Man skal lytte til kirken eller gå fortabt. Men Kristus angiver ikke på dette sted hvem, hvor eller hvad kirken er, men kun at dér hvor kirken er, skal man lytte til den. Det bekender og siger vi også, men vi spørger også, hvor Kristi kirke er og hvem som udgør den, *ikke bare af navn, men også af gavn.*

Det er som om man skulle spørge en beruset, halvsovende eller nar: "Vær venlig og sig mig, hvem som udgør kirken eller hvor den er?", og han ti gange ikke skulle svare noget andet end dette: "Man skal lytte til kirken!" Men hvordan skal jeg kunne lytte til kirken, hvis jeg ikke véd, hvem eller hvad den er? Ja, siger de, vi papister er blevet tilbage i den gamle, oprindelige kirke fra apostlenes dage. Derfor er vi de rette, vi som kommer fra den gamle kirke og altid er blevet tilbage dér. Men I er faldet bort fra os og har bygget en ny kirke mod os. Svar: Men hvad nu hvis jeg skulle bevise, at det er os, som er blevet tilbage i den rette, gamle kirke. Ja, at vi er den rette, gamle kirke. Da er det jer, som er faldet bort fra os, det vil sige jer som har brudt med den gamle kirke og oprettet en ny kirke, mod den gamle kirke. Hvordan skulle det være? Lad os høre.

For det første kan ingen fornægte, at både vi og papisterne er kommet op af *den hellige dåb* og derfor kaldes kristne. Men dåben er intet nyt, som vi skulle have opfundet i vor tid. Nej, det er samme gamle dåb, som Kristus indstiftede og som apostlene, urkirken og alle kristne derefter er døbt med. Om vi nu har samme dåb som den første gamle kirke (som bekendelsen kalder katolsk, altomfattende), og vi er døbt med denne, så tilhører vi forvist også samme gamle, altomfattende kirke. Vi er da lige med dem og de lige med os, fordi vi kommer fra samme dåb og der *i spørgsmålet om dåben ikke råder nogen forskel.* Men dåben er det fornemste og første sakramente uden hvilket alle andre ingenting er, hvilket de må bekende. Derfor kan papisterne ikke med sandhed anklage os for at være en anden eller ny kirke eller kættere. Vi er jo den gamle dåbs børn, vi ligesom apostlene selv og hele kristenheden, som det står "én eneste dåb" (Ef 4, 5).

For det andet kan ingen benægte, at vi har *alterets hellige sakramente,* præcis som Kristus indstiftede det og apostlene og hele kristenheden derefter har anvendt det. Vi spiser og drikker altså med oldkirken og hele kristenheden fra ét og samme bord og modtager med dem samme gamle sakramente. I dette har vi ikke indført noget nyt. Derfor er vi med dem én og samme kirke, eller som Paulus siger (1 Kor 10, 17) én og samme krop, ét og samme brød, fordi vi spiser af dette brød og drikker af dette bæger. Derfor kan papisterne ikke kalde os kættere eller en ny kirke, men må i så fald først beskylde både apostlene og hele kristenheden som kættere, som de også i sandhed gør. For vi er ét med den gamle kirke og har én og samme nadver.

For det tredje kan ingen benægte at vi har *de rette, gamle nøgler* og at vi kun anvender dem for at binde og løse synden, når noget er sket mod Guds bud, sådan som Kristus har indsat dem (Matt 16, 19; Joh 20, 23). Sådan har også apostlene og hele kristenheden anvendt dem hidtil, så at vi altså har samme nøgler og anvender dem på samme måde som oldkirken. Derfor udgør vi også samme gamle kirke og befinder os inden for den. For vi gør ingen nye nøgler eller nye love, og udelukker ikke konger og herrer fra deres verdslige områder. *Vi anvender kun nøglerne for at lukke syndere ind og ud af Himmeriget,* præcis som oldkirken gjorde i overensstemmelse med Herrens befaling. Derfor kommer papisterne på ny med falske og løgnagtige beskyldninger, da de i os forkætrer og spotter både den gamle kirke, apostlene og Kristus selv.

For det fjerde kan ingen benægte, at vi har *prædikeembedet* og Guds Ord rent og rigeligt hos os. Vi lærer og driver det uden alle tilsætninger af ny, egen og menneskelig lære præcis som Kristus befalede og apostlene med hele kristenheden gjorde. *Vi hitter ikke på noget nyt,* men holder fast og forbliver ved Guds Ord, som den gamle kirke havde det. Derfor er vi sammen med dem den rette, gamle kirke. Vi er én eneste kirke, som lærer og tror i overensstemmelse med det eneste Gudsord. Derfor spotter papisterne på ny Kristus selv, apostlene og hele kristenheden, når de anklager os for at komme med noget nyt og være kættere. For de finder ikke noget andet hos os end det gamle, som blev lært i urkirken. Vi er ét med denne eneste kirke.

For det femte kan ingen benægte, at vi har *Den Apostolske Trosbekendelsen,* den gamle kirkes symbol. Vi er enige med dem i alting og tror, synger og bekender sådan. Vi kommer ikke med noget nyt og lægger ikke noget til, så at det står klart, at vi tilhører dem og er helt enige med dem. Derfor tillader heller ikke dette stykke, at vi anklages som kættere eller udmåles som en ny kirke af papisterne. For den, som tror det samme som den gamle kirke og i alt holder fast ved det, tilhører også den gamle kirke.

For det sjette kan ingen benægte, at vi sammen med urkirken har samme *bøn* og samme *Fadervor* og ikke hitter på noget nyt. Vi synger samme *salmer* med endrægtig mund og lover, priser og takker Gud af hjertet, sådan som Kristus har lært og som apostlene og oldkirken gjorde som et forbillede for os. Ikke heller i dette stykke kan papisterne anklage os for at være vranglærere og en ny kirke, men de må i så fald først anklage Kristus selv og hans kære gamle kirke.

For det syvende kan ingen benægte, at vi sammen med urkirken lærer og holder fast ved, at man skal *ære den verdslige øvrighed* og ikke forkaste den eller tvinge den til at kysse pavens fødder. Det har vi heller ikke hittet på, men Peter fordømmer dem, som nu eller senere kommer med sådanne nye påfund (2 Pet 2, 10). Også Paulus står her på vor side (Rom 13, 1ff) ligesom den gamle kirke og hele kristenheden. Vi kommer ikke heller her med noget nyt. Papisterne spotter her Gud selv i os. Vi hører hjemme i den gamle, hellige, apostolske kirke, som dens rette børn og lemmer. Vi lærer, at man overalt på det trofaste skal vise øvrigheden lydighed, både kejsere og fyrster, og vi gør sådan selv og beder hjerteligt for dem.

For det ottende kan ingen benægte, at vi lover og priser *ægteskabet som Guds velsignede og velbehagelige skabelse og ordning* til livsfrugt og mod kødelig utugt. Dette er ikke noget nyt, som vi har hittet på, og ikke heller har vi indført nogen ny brug af det. Endnu mindre har vi som visse nyere lærere forbudt ægteskab. Gud har fra begyndelsen indstiftet ægteskabet, Kristus har stadfæste det og apostlene og den gamle kirke har æret det og lært sådan. Denne gamle regel og ordning holder vi fast ved og stemmer således overens med den gamle kirke og er dermed dens rette, ægte lemmer. Man ser atter igen, hvordan papisterne falskelig anklager os for at komme med noget nyt.

For det niende kan ingen benægte at vi (som Peter siger i 1 Pet 5, 9) har samme *lidelser* som vor brødre i verden. Man *forfølger* os på alle steder og kvæler, drukner og halshugger og lægger alle tænkelige plager på os for Ordets skyld. Det går os på samme måde som den gamle kirke, og i dette er vi den overmåde lig, så at vi kan sige: Vi er den gamle, rette kirke eller dens søskende og venner i samme lidelser. For dette har vi ikke opdigtet på ny, men kender det vel. Ja, vi ligner (sådan som også den gamle kirke) vor Herre Kristus på korset. Dér står Annas og Kajfas samt præsterne foran korset og spotter dertil Herren, derfor at de har korsfæst ham. Sådan fordømmer også paven, kardinalerne og munkene os. De myrder og udgyder vort blod og spotter os desuden. Dér står krigsmændene, dvs. en del af de verdslige herskere, som også spotter os. Dertil kommer den ene af røverne på korset. Sådan optræder også den hovmodige Heinz Wolffenbüttel med sine, men Gud har allerede fordømt og bundet ham med Helvedets bånd. Sådan må også spotterne bidrage til, at dette stykke rigeligt kan ses hos os som et tegn på den gamle kirke.

For det tiende kan ingen benægte, at vi *ikke til gengæld* udgyder blod, myrder og hævner os, hvad vi vel ofte havde kunnet gøre og stadig skulle kunne. Men ligesom Kristus, apostlene og den gamle kirke viser vi tålmod, formaner og beder for dem, også offentligt i kirken, i liturgien og prædikenerne. Sådan har Kristus vor Herre gjort og lært, og sådan også den gamle kirke. I alt dette holder vi os til den gamle kirkes væsen.

Fordi papisterne nu véd, at vi i alle sådanne stykker og endnu flere er lig den gamle kirke og i sandhed kan kaldes den gamle kirke (for sådanne stykker er ikke nye og opfundet af os) er det et under, hvorfor de så uforskammet lyver os på og fordømmer os. De mener, at vi er faldet bort fra kirken og oprettet en ny kirke, selv om de ikke kan finde noget nyt hos os, som ikke fandtes i den gamle og rette kirke på apostlenes tid. Jeg tror virkelig, at dette er den tid, som Daniel taler om (Dan 7, 9-11), når han siger: "Den gamle fra fordom, satte sig ned, efter at det lille horn havde udstødt sin spot, og så holdt han sin dom." For den tidligere, gamle kirke lyser atter frem (som solen efter mørket, bag ved hvilken solen dog var, men ikke kunne lyse klart). Hornet som spotter skal da gå under og alt få sin ende, som det står her og som det skal vise sig. Men nu er det ikke tid at tale mere om det.

Men nogen siger måske: I har dog fejl på ét punkt, nemlig på *fasten*, for I faster ikke! Ak, Herre Gud! Om der er noget stykke som er kommet til os fra den gamle kirke, så er det - desværre - fasten. Og om noget stykke er kommet til papisterne fra den nye kirke, så er det, at de ikke faster, men *lever i sus og dus, også på fastedagene og især på helligdagene.* Ja, vi faster ikke bare, men lider også hunger (med Paulus, 1 Kor 4, 11). Det ser vi hver dag hos vor fattige præster med hustruer og børn og hos mange andre fattige. Hungeren lyser i deres øjne og de har knapt brød og vand og må næsten gå uden klæder i sit armod. Bønderne og borgerne skænker ingenting og adelen tager fra dem, så at det er få hos os, som har noget at give, og de kan ikke hjælpe alle. Her burde stift og klostre hjælpe til. Men de er så gerrige, at Lasarus må dø af sult. Da griner papisterne, men dermed viser de bare, at vi er den gamle kirke, som lider spot og hån af Djævelens børn.

Den nye, falske kirke

Hermed har vi nu bevist, at vi er den rette, gamle kirke, som er en krop og en forsamling af hellige sammen med hele den hellige kristne kirke. Bevis nu også, I papister, at I er den rette gamle kirke eller at I er ligesom den. Men det kan I ikke gøre. Men jeg vil bevise at I er den nye, falske kirke, som helt og holdent er frafalden fra den gamle, rette kirke, og i stedet udgør Djævelens skøge og skole.

For det første holder I ikke fast ved den første, gamle dåb. For I har på ny opdigtet mange andre dåb og lærer, at den første dåb gennem synden går tabt. Derfor må man gøre fyldest gennem egne gerninger, særskilt gennem klostervæsenet, hvor man bliver så ren, som om man steg op af Kristi egen dåb. Derfor gør I verden fuld af kirker og klostre. Dette stykke, satisfactio, *fyldestgørelse*, er begyndelsen og oprindelsen, døren og indgangen til alle vederstyggeligheder inden for pavedømmet, præcis som dåben inden for kirken er *begyndelsen og indgangen til al nåde og syndernes forladelse*. For hvor dåben ikke er, hjælper hverken nadveren, nøglerne eller noget andet. Om ikke fyldestgørelsen havde opstået, så var heller ikke aflad, valfarter, broderskaber, messer, skærsild, klostervæsen, stiftelser og størstedelen af alle vederstyggeligheder blevet opfundet, og pavedømmet var ikke blevet så tyk og fed.

Derfor har de alligevel selv opkaldt en dåb til sig i sine kirker, som virker mange dåb, sakramenter og syndernes forladelse, ja også en stor hellighed. Det er vor egen retfærdighed, *gerningernes hellighed*, som vi har skrevet meget om. Hvem har befalet den? Eller hvor står det skrevet? Hvor finder man i den gamle kirke, at I skal hitte på en sådan ny dåb og en sådan hellighed? Hvem er her kættere, frafaldne og ny kirke?

For det andet har I drevet *afladen* i hele verden som et dåb, ja, som en syndflod, som renser synder bort, så at det ikke findes en eneste krog i verden, hvor aflad ikke er blevet solgt eller givet, så at hele verden nu er fuld af segl og breve. Hvem har befalet jer det? Eller hvor står det skrevet? Hvor finder man dette i den gamle kirke, at I skal stifte en sådan ny dåb og en sådan renselse fra synderne? Hvem er her den kætterske, nye kirke? Er det ikke jer som er Djævelens skøgekirke?

For det tredje er I trængt ind med *vievand og salt* overalt, ikke bare i alle kirker, men også i alle hjørner og kroge, som en renselse (eller dåb) af synderne. Med dette har I lært trolddom, som den kirkelige lov beviser. Hvem har befalet jer det? Hvor står det skrevet? Hvor finder I dette i den gamle kirke og apostlenes indstiftelser? Hvem er her den nye, frafaldne kirke?

For det fjerde har I stiftet *valfarter* for at fortjene aflad eller syndernes forladelse. Når dette sker uden nøgleembedet gennem egen fortjeneste, er det også en ny, anden dåb eller renselse fra synderne. Hvem har befalet jer det? Hvor står det skrevet? Hvor finder I i den gamle kirke, at en sådan ny syndsforladelse skulle stiftes? Hvem er her den nye, frafaldne kirke?

For det femte har I stiftet utallige *broderskaber*, så mange at I også her har opfyldt hele verden med segl og breve, alt sammen med det formål at udvirke aflad og syndernes forladelse som en fortjeneste. Det hører dog kun hjemme i det hellige dåb og nadveren. Hvem har befalet jer det? Hvor står det skrevet? Hvor finder I i den gamle kirke, at I skal stifte en sådan forladelse eller fortjeneste? Og hvem kan opregne hvor mange nye måder, I har opfundet til at forlade synder for penge eller for egen vinding. Hvem er her den nye kirke, med ny lære og sakramenter, som hverken Kristus, apostlene, Skriften eller den gamle kirke har kendt til?

For det sjette. Hvem vil beskrive alle de forskrækkelige nyheder og forandringer som I har fundet på i *Kristi højværdige, hellige legemes og blods sakramente*? Hvem har befalet jer det? Hvor står det skrevet? Hvor finder man det i den gamle kirke? For det første fratager I og bortrøver sakramentet fra hele kirken, ved at I kun uddeler den ene del og kun giver præsterne det hele og udelte sakramente. *For det andet lærer I ikke sammen med denne ene del noget om troen* og hvordan den skal styrkes, men forvrænger den til en gerning i lydighed mod kirken. *For det tredje* bruger I ikke hele sakramentet (hvis det da stadig er et sakramente) til Kristi ihukommelse ved at prædike offentligt om ham og takke ham for hans lidelse, men I gør det til et *præsteoffer* og til den onde skurks egen fortjeneste, som siden kan sælges til andre og deles ud til sjælene i skærsilden og til hjælp i al slags ydre nød, som en hedensk afgudsdyrkelse. Ja, sakramentet er blevet forvandlet til et skændigt kræmmermarked på den mest afskyelige og skammelige måde, for at Kristi påmindelse (som han netop har indstiftet det for) skal forties og udryddes. *Og om I så i øvrigt var en så ren kirke som apostlenes egen, så gør alligevel dette ene, forskrækkelige stykke - som I har opfundet ved Djævelens råd - jer til en ny, frafalden, kættersk kirke, ja til Djævelens ærkehore og til hans helvedesskole.* For dette stykke er så forfærdeligt, grundløst ondskabsfuldt, at det ikke kan udtales i dette liv af nogen tunge, ikke begribes af noget hjerte til den yderste dag åbenbares.

Læs, saml og læg alt det onde sammen, som Djævelen kan finde på om jer alle og lad ham lyve tusind gange så meget, så kommer det alligevel ikke til at være en lille splint imod denne store bjælke, som uden tvivl alle djævle og de allerværste skurke i sekshundrede år har stykket sammen. *Dette er det rette stykke, som Kristus kalder for ødelæggelsens vederstyggelighed, som står på hellig grund.* Derfor er det ikke bare os, som skal og må fly fra jer, som fra Guds største vrede, men både himmelen og jorden oprøres og viser afsky for en sådan morderhule. For dette stykke lader ingen kirke blive tilbage, men forvandler den i stedet til den værste stinkende hule som Djævelen har på denne jord.

Muslimer, tatarer og jøder er langt fra en sådan morderhule, som pavekirken er i dette stykke. For de fornægter kun Kristus og vender ryggen mod ham, mens de andre tager ham til sig, bespotter ham, håner, besudler og piner ham og udøver en langt værre lidelse med ham end hvad som legemligt skete under jøderne. Ja, gå nu ud og ros jer af jeres hellige kirke, som vi er faldet bort fra! Må Djævelen blive tilbage hos jer i en sådan kirke sammen med alle dem, som vil være som Heinz. Gud bevare os for dette, som han også har rykket os derfra i sin nåde, hvorfor vi lover og takker Ham i evighed!

For det syvende. Hvem har befalet jer at komme med denne nyhed, at lave *nye nøgler*? I har lavet to falske dirke, som hverken *forlader synderne eller beholder nogen i dem, som de rette nøgler gør* hos os og i den gamle kirke. I stifter på ny synd og mord, hvor der ikke findes nogen synd, i jeres frafaldne, morderiske kirke. Dermed fanger og binder I de kristne samvittigheder med uudholdelige og utallige love, som forskrækker og dræber. I indfører bud om mad, drikkelse, klæder, steder, dage og lignende ydre ting, som Kristus har ladet frit, Kol 2, 16 og som også den gamle kirke har gjort uden al synd og fare. Desuden afsætter I konger og fyrster, som om I selv var Gud. Hvem er her den frafaldne, nye kirke? Må Djævelen blive tilbage hos jer i dette gudsforagtelige, morderiske, syndige og fordærvelige stykke! Han må blive hos jer, men *vi er kommet tilbage til den gamle kirke,* Gud være tak og lov!

For det ottende. Hvem har i modsætning til den gamle kirkes måde og mod Kristi befaling befalet jer at prædike anderledes end hvad han har befalet? "Gå ud og lærer dem at holde alt det, som jeg har befalet jer" (Matt 28, 18) er ikke det samme som "det I synes er ret og godt". Der står: "Helligånden skal lære jer alt og minde jer om alt, hvad jeg har sagt til jer." (Joh 14, 26). Men I har fyldt alle kirker og skoler med jeres møg, dvs. med *menneskelære og løgne.* I har spredt jeres opkast, så at det ikke findes mere plads, som Esajas siger (28, 8), og alligevel vil I berømme jer af at være kirke. *Dette stykke er også sammen med privatmesserne en af de værste vederstyggeligheder.* Denne skade og plage er så stor at man ikke kan fatte eller beregne den. I bygger en ny kirke til Djævelen og tjener dermed ham. I myrder sjælene og dette er den virkelige barnemorder Molok. I lader ikke børnenes sjæle blive salige, hvilket dog Molok gjorde, som kun brændte og myrdede kroppen. Derimod lader I kroppen leve en lille tid, men brænder sjælen i evighed. Jeg bliver så bange, at jeg knapt kan tænker på denne jammer af utallige falske, afguderiske og morderiske lærer i pavedømmet, som er jeres nye, smukke kirke.

For det niende. Hvem har befalet jer den frække nyhed i kirken, som er et åndeligt rige, at indsætte *et legemligt hoved* og kalde det for det allerhelligste? Det kan jo dog ikke findes noget andet hoved end et åndeligt, som er Kristus. *Dette er den tredjeværste vederstyggelighed* i jeres allerhelligste, ja allermest helvedes nye kirke. For den gamle kirke véd ingenting om dette, og den blev tilbage hos sit rette hoved, præcis som vi. At dette er Djævelens eget påhit, som skulle komme for syndens skyld, det véd kirken, som forkynder det klart i 2 Tess 2, 3-4: "Lovløshedens menneske, fortabelsens søn, ophøjer sig over alt, hvad der hedder Gud og helligdom, så at han sætter sig i Guds tempel og udgiver sig selv for at være Gud." For han lader sig også kaldes en jordisk gud. Det har også Daniel forudsagt, at han skulle foragte den gamle kirke og sine fædres Gud og stifte en anden, ny gud og ny kirke (som skulle hjælpe ham at styrke sin nye gud).

Hvem er det nu, som har en ny, frafalden kirke? Er det urkirken og os, som holder fast ved det gamle, rette hoved og flyr og undviger det nye djævelshoved? Eller er det dem, som tilbeder det nye djævelshoved, kysser hans fødder og lader ham velsigne sig med to fingre og *ophøjer hans lære over Guds ord*? Er det disse som ikke ærer det gamle, rette hovedet med noget knæfald og vel aldrig tænker på ham og ikke bryder sig om *hans velsignelse, som han har erhvervet til os med hele sit legeme og blod*? Men denne vederstyggelighed er så forfærdelig ond, at det ikke er nogen idé kun at tale lidt om den. End ikke englenes tunger rækker til for at tale ret om den. Det, som Guds egen mund kalder vederstyggelighed, må være en større vederstyggelighed end alle tunger kan udtale.

For det tiende. Hvem har befalet jer at oprette dette nye afguderi? I stifter *helgendyrkelse*, kanoniserer helgener, indstifter fastedage og helligdage for at ære dem, som om de var Gud selv. Man må forlade sig på deres fortjeneste og fortrøste på dem mere end på Kristus selv samt alt hans blod og fortjeneste. *Ham har I stillet frem for os som en dommer,* som vi gennem hans moders og alle helgeners fortjenester og forbønner og vor egen helgendyrkelse må forsone for at erhverve nåde. For at jeres kirke i dette stykke ikke skulle være anderledes end hedningernes kirker, som tilbeder Jupiter, Juno, Venus, Diana og andre døde mennesker. Ligesom romerne i sin by Rom oprettede et helt Panteon til sig, sådan har I også bygget et Panteon i jeres kirke, som er alle djævles kirke. Det finder I ikke i apostlenes skrifter og heller ikke i den unge kirke derefter, hvor man ikke engang kunne tåle billeder, hvorfor meget blod blev udgyd for den sags skyld. Tal da ikke om at man skulle have tilbedt og anråbt helgenerne, noget som kun tilkommer Gud.

For det ellevte. Hvem har befalet jer at indføre den nyhed, at I skal fordømme ægteskabet, spotte og omtale det som urent og utugtigt til Guds tjeneste? Ja Paulus siger faktisk i 1 Tim 4, 1 at den tid skal komme, da man skiller sig fra troen og forlader den gamle kirke som en Djævelens ægte skøge. Den skal tage imod denne lære fra Djævelen og prædike mod ægteskabet, mens den selv lever i en falsk, hyklerisk kyskhed, dvs. i al slags utugt. Denne nyhed ser vi nu med *sine ædle frugter*, så at jorden ikke længere vil bære jer. Gud har med sin dom begyndt at gribe ind og han vier nu denne nye, hellige kirke til helvedets ild, som ikke skal ophøre. Gud være lov!

For det tolvte. Hvem har befalet jer at komme med en sådan ny sag, at I skal regere og kæmpe med *det verdslige sværd*, og at I allermest anvender det for at udgyde uskyldigt blod? Har I set, I skarpsindige flagermus, at apostlene eller den gamle kirke overvandt verden med sværd eller fik kirken til at vokse med krig? Hvorfra kommer I da, I som berømmer jer af at være arvinger til den gamle kirke og anklager os for at være den nye, frafaldne kirke? Det er jo os, som holder med den gamle kirke og stammer fra den, mens I kommer fra den bortløbne djævelsskøge, jeres nye, morderiske løgnkirke!

Der findes endnu mange flere nye stykke, f.eks. skærsilden, helgensteder, kirkeindvielser og hele sværmen af dekreter og regler. I har utallige bøger fulde med idel nye påfund, som den gamle kirke og apostlene ikke viste noget om. For hvem kan opregne mængden af alt dette smuds og møg, ja gift og djævelske løgne? Men dette må være nok for den her gang for at bevise, hvor skændigt papisterne lyver gennem sine Heinzer, når de anklager os som den nye, frafaldne, kætterske kirke. Nej, dette forgiftede sværd går gennem deres egne hjerter, da de har forladt og overgivet den gamle kirke og dens rette brudgom. De er blevet Djævelens skøge som ikke bare er kættersk (for det ord er for svagt og for fint for en sådan skammelig forføreske), men også *antikristlig* og Guds modstander, Djævelens sidste og allerskændigste brud, som ophøjer sig over Gud.

Men vi som undviger og flyr fra alt djævelskab og sådanne nyheder og på ny holder os til den gamle kirke, Kristi jomfruelige og rene brud, vi er med vished den rette, gamle kirke uden alt skøgevæsen og alle nyheder. Derfor forbliver den rette kirke hos os og vi kommer af den, ja, *vi er atter født på nyt* af den, ligesom galaterne af Paulus (Gal 4, 19). For en tid har også vi været mit inde i smudset hos denne helvedets skøge, pavens nye kirke, og det med største alvor. Ja, vi er virkeligt kede af at vi skammeligt nok tilbragte så meget tid i dette smudsige hul. Men Gud være lov og tak, som *har frelst os* fra denne røde smædeskøge.

Men om sådanne nyheder inden for pavedømmet alene var eller skulle kunne være noget helt nyt, så skulle man vel for fredens skyld kunne tåle det, som når nogen har en ny frakke, han må bære og gå med. Men nu klæber dette djævelske gift og helvedes mord fast ved den så totalt, at det må kaldes kirkens bud, dens hellige gudstjeneste, gode liv og åndelige væsen. Gennem disse bud fortjener man nåde og liv (hvis man holder dem) eller vrede og død (hvis man ikke holder dem). Det er at gøre løgn til sandhed, Djævelen til Gud, helvedet til himmel og omvendt. Derfor er pavens kirke fuld af løgner, djævle, afguderi, helvede, mord og al ulykke så at det vrimler af det. Det er derfor tid at lytte til englens røst i Åb 18, 4-5: *"Drag ud fra Babylon, mit folk, så at I ikke bliver delagtig i hendes synder og så at I ikke får del i hendes plager, for hendes synder når til himlen,"* osv.

Før i tiden da kunstnerne malede den sidste dom, fremstillede de helvedet som et stort dragehoved med bred gab, og derinde midt i ilden stod paven, kardinalerne, biskopperne, præsterne, munkene, kejseren, kongerne, fyrsterne og alle mulige mænd og kvinder, men intet lille barn. Jeg véd sandelig ikke, hvordan man skulle kunne male eller beskrive pavens kirke bedre, kortere eller tidligere! For sandt er den helvedets afgrund, som med paven i spidsen sluger hele verden i helvedets dyb gennem Djævelens gab, dvs. gennem sine djævelske prædikener og lære.

Det er ikke en dum forfatter som - måske ud fra Es 5, 14 - har skrevet: "Derfor åbner dødsriget sit svælg, spærrer det op på vid gab, og ned styrter både de fornemme og den larmende hob, det lystigt buldrende slæng." Også om dette er skrevet for sjovt, så er det et træffende billede for den almindelige mand for at forstå, hvordan pavekirken er og at *man skal flygte derfra.* Den sluger alt på nær de små, døbte børn. Mere om dette senere.

Her vil de måske sige: Hvorfor anklager du os så skammeligt som en ny, frafalden kirke, da vi dog har dåben, nadveren, nøglerne, trosbekendelsen og evangeliet? Alt dette har vi jo fra den gamle kirke, som vi stammer fra, og du har selv ovenfor bevist, at både vi og I kommer fra denne oprindelige kirke! Svar: Det er sandt. Jeg bekender at den kirke, som I sidder i stammer fra den gamle kirke, præcis som vi selv og at I ligesom vi har samme dåb, nadver, nøgler og bibeltekst. Ja, jeg vil prise jer endnu mere og bekende, at vi fra den kirke, hvor I er (ikke fra jer) har modtaget alt sammen. Hvad vil I mere? Er vi ikke fromme nok? Kan I da ikke holde op med at anse os som kættere?

Vi holder jo ikke jer for *muslimer eller jøder* (som ovenfor sagt), som befinder sig uden for kirken, *men vi siger, at I ikke længere holder fast ved kirken*, men i stedet er blevet en forløben, frafalden og utugtig kirke. Sådan kalder profeterne dem, som ikke holder fast ved den kirke, hvor de er født og opfostret, men i stedet forlader sin kirke, sin rette mage og brudgom. Sådan siger Hoseas (1, 2) om Israels folk, at de forlod sin rette kirke og holdt sig i stedet til Djævelen, Ba'al, Molok og Astarte. Forstår I ikke det? Jeg vil da forklare det for jer.

I blev bestemt alle døbt med den gamle kirkes rette dåb, præcis som vi. Især sker dette med *dem, som døbes som børn*, så at de *lever i troen indtil sit syvende eller ottende år, inden de bliver forført af pavens skøgekirke*. At disse børn bliver salige, tvivler vi ikke på. *Men når de bliver voksne* og hører jeres løgnprædikener om jeres djævelske nyheder, og så tror på dem og følger dem, så falder de fra deres dåb og brudgom og bliver Djævelens skøge sammen med jer. *Sådan skete det med mig selv* og andre, som byggede og fortrøstede sig på sine egne gerninger, efter hvad I prædiker i jeres horehus og djævelskirke.

Dette sker selvom de er døbt til at fortrøste og blive opbygget på den ene, kære brudgom og Herren, Jesus Kristus, som selv har hengivet sig for os. Det går præcis som når en from ung mand venter på en fattig, ung kvinde som sin kommende brud. Så trolover han sig med hende og hun forholder sig kysk til de skal gifte sig. Men siden vender hun sine øjne væk og begynder at kigge på andre mænd, som behager hende bedre. Dem lytter hun på og lader sig overtale og får lyst til dem i stedet og forlader så sin kæreste, tro brudgom, trods at han har gjort alt for hende. Han har forløst hende, betalt for hende, givet hende smukke klæder og smykket hende som en skøn brud. Men hun lader sig i stedet gøres til en horer af hvem som helst. Denne skøge, som tidligere var en ren jomfru og kær brud, er nu blevet en frafalden og forløben horer, som må bære alle slags grimme navne. Sådan har hun, som skulle være fruen i huset og passe nøgler, seng, køkken, kældre og have alt betroet, i stedet bortøst og ødelagt alt sammen som en virkelig djævelshore.

Om en sådan skøge taler Hoseas og endnu grovere profeten Ezekiel i kap. 23. Dette bør I læse, så at I vel véd, hvilken slags skøge jeres kirke er. For en sådan horer mener jeg, når jeg kalder jer en frafalden, forløben skøge. *I er i jeres barndom blevet døbt med det rette dåb og har levet nogle år med vor kære Herre som sande kristne*, præcis som i den gamle kirke. Men senere når I er blevet større og kan forstå mere, ser og hører alle pavekirkens smukke ceremonier og desuden tager del i al dens nydelser, ære og magt, ja dens pragtfulde hellighed og storartede gudstjenester og smukt opmalet himmerige, ja da glemmer I jeres kristne tro, dåb og nadver og bliver ærkehorernes flittige elever. *Sådan gik det også med mig og med alle andre.* Ja, I bliver som komediernes flittige små piger, som først bliver unge skøger og senere gamle horer, som i sin tur gør unge piger til endnu værre skøger.

Sådan vokser pavens kirke mere og mere, og utallige unge Kristi jomfruer som fødtes gennem dåben, gøres senere til rigtige ærkehorer. Sådan må man sige ligeud, så at enhver kan forstå, hvad jeg mener. For hvis I tror, at dette er for sjovt, skal I vide, at I ikke længere har eller bryder jer om nogen Gud. For dette er for Gud et forskrækkeligt og ondt afguderi, mord, helvede og al ulykke, som Gud ikke kan tåle. Derfor vil han i evighed fordømme denne ærkeskøge.

Om dette profeterer også Peter, når han taler om jer som sådanne nye profeter og kirker: "De bruger opblæste og tomme ord, og ved hjælp af deres udsvævelser forfører de i kødeligt begær andre, som lige har gjort sig fri af de folk, der lever i vildfarelsen; de lover dem frihed, skønt de selv er slaver af fordærvelsen." (2 Pet 2, 18-19). Videre siger han: "Hvis mennesker gennem erkendelsen af vor Herre og frelser, Jesus Kristus, har gjort sig fri af verdens urenhed, men igen lader sig besnære og overvinde af den, er det sidste værre for dem end det første. For det havde været bedre for dem slet ikke at have lært retfærdighedens vej at kende end først at lære den at kende og siden vende sig fra det hellige bud, som de har fået overdraget; så er det gået dem, som ordsproget træffende siger: »Hunden vender tilbage til sit eget bræk,« og: »Når en so er vasket, vælter den sig i sølet.« (2 Pet 2, 20-22). Sådanne er I, og sådan har det også været for mig. Her har I jeres nye, frafaldne, forløbne kirke, beskrevet tilstrækkeligt forståeligt, klart malet for øjnene.

For vi bekender ikke kun, at I med os er kommet fra den rette kirke og med os er blevet nedsænket og renset i dåben gennem vor Herre og Frelser Jesus Kristus og hans blod, som Peter her siger, men vi siger også at I både er og forbliver i kirken. *Ja I sidder virkeligt inde i kirken og regerer dér,* som Paulus profeterer i 2 Tess 2, 3. Han viser dér, at den forbandede Antikrist skal tage sæde i Guds tempel, ikke i en kostald. Men en del af kirken som dens lemmer er I ikke længere, men inden for denne hellige Guds kirke opretter I jeres egen nye, frafaldne kirke som et Djævelens horehus. Gennem disse utallige nye horerier og afguderier forfører I de døbte og genløste sjæle sammen med jer selv. Gennem dette helvedesgab sluger I dem og utællelige skarer ned i helvedets afgrund, til en forskrækkelig jammer og stor lidelse hos alle dem, som ser og forstår dette med åndelige øjne.

Men det er Gud som - trods så mange vederstyggeligheder og Djævelens horeri - *gennem sin underfulde almagt* opretholder *de små børn gennem dåben* og også *nogle ældre*, skønt kun ganske få, som til sidst *på ny* holder sig til Kristus. Flere sådanne har jeg selv lært at kende. Så er trods alt den rette, gamle kirke med sin dåb og Guds Ord blevet tilbage hos jer. Jeres gud, Djævelen har med alt sit nye afguderi og djævelske horeri ikke helt og holdent kunnet udrydde den. Det er nu ligesom på Elias tid (1 Kong 19, 9-18), da alt var idel Ba'al, afguderi og horeri i hele landet, så at Gud ikke havde beholdt et eneste alter. Alligevel kaldte de sig Guds folk, som er den hellige kristne kirke, og de roste sig af den Gud, som havde ført dem ud af Egypten. Men alligevel fandtes der mit i denne store mængde af ugudelige syv tusind mænd tilbage, som ikke havde bøjet knæ for Ba'al. De største og bedste var da allerede gået under og faret til Djævelen, fordi alle havde måttet dø i ørkenen undtagen to, nemlig Josva og Kaleb (4 Mos 26, 65). Guds værk kaldes derfor "at fuldføre og tilpasse", da han af nåde bevarer nogle få, mens den store hob forgår i vrede, som Paulus udførligt beskriver i Rom 10.

Også Daniel har lang tid i forvejen profeteret om, at det under Antikrist skulle blive en tid af vrede og en sådan nød, som aldrig tidligere har været på jorden (Dan 12, 1). Og Paulus siger i 2 Tess 2, 8-12 – med en profeti han selv har hentet fra Daniel - at Gud bliver fortørnet og sender kraftige vildfarelser, fordi man ikke i kærlighed har taget imod sandheden til frelse. Mine kære, lad os også se på kristenhedens historie! Under Konstantin II, søn til Konstantin den Store, var Guds vrede så stor, at kætteren Arius havde magten over alle forsamlinger i verden undtagen to. Alligevel var på den tid biskopperne og også arianerne selv lærde, fromme, ærbare og flittige mennesker for verden. Hvad skulle da ikke kunne ske under pavedømmet, hvor ikke en eneste biskop er omhyggelig i sit embede eller udøver det, men lever epikuræisk som svin? Da må det virkeligt være af Djævelen, fordi de papistiske Heinzer og de heinziske papister forstår meget mindre af, hvad kirken eller Gud er, end hvad en ko eller gris kan forstå. Kirken er jo en høj, dyb og skjult sag, som ingen kan kende eller se. Den kan bare forstås og tros gennem dåben, nadveren og ordet. Menneskelære, ceremonier, tonsurer, lange klæder, biskophatte og hele det pavelige kræmmermarked leder kun langt derfra ind i helvedet. Hvordan skulle de da kunne forklare hvad kirken er? Til kirken hører jo også

spædbørn, mænd, kvinder, bønder og borgere, som hver-
ken har tonsurer, biskophat eller messeklæder.

Forskellen mellem den sande og falske kirke

Nu skulle papisterne måske ønske, ja med vold kræve, at
man skulle have deres nye artikler sammen med den gamle
kirkes artikler eller i det mindste tolerere dem. Hvis ikke,
så vil de have os dræbt som kættere. For paveæslet er et så
groft æsel, at han ikke kan lære at *skille mellem Guds Ord
og menneskelære*, men han holder begge for lige. Dette
beviser de dermed, at de ofte vil indgå et forlig eller fred
med os, og lader som om de vil give efter en smule, hvis
bare vi også giver efter. Men dette har aldrig været deres
virkelige alvor, men noget de kommet med, kun for at få
os til at vige og blive uenige. Alligevel ser man i dette tyd-
ligt, hvordan de har sat sig over Gud som antikristlige
spottere. *De tænker, at læren er ret, så langt som de vil.*
Når de ikke længere vil, så er læren ikke længere ret. For
de vil have magten at bestemme over, om de skal give efter
i noget stykke eller ikke. Og efter deres ønsker, hvad de
vil eller ikke vil, skal vi senere rette os. De stiller os åben-
lyst over for en sådan fræk, ukysk, uforskammethed. De
viser helt åbent, at de ikke længere lader sig ride af nogen
djævel som skjuler sig, som det tidligere har været gennem

århundrede, men nu fremtræder de åbent med den skurkagtige og grove djævel, som i sin ondskab ikke formår at smykke sig længere.

For når de tilbyder at give efter og ønsker det samme af os, viser de at *for dem gælder Guds Ord og menneskelære det samme.* Kære ven! *At give efter eller ændre Guds Ord er end ikke muligt for Gud selv.* For han kan *ikke fornægte sig* selv eller ændre sig og hans Ord forbliver i evighed. Den, som skal ændre det eller give efter, må have en højere magt end Gud selv. For han skulle ikke engang have kunnet ændre Moses' lov, hvis han ikke selv i forvejen havde lovet at den skulle ændres. Noget sådant understår sig ingen anden end Antikrist, som Daniel i kap. 11 og Paulus (2 Tess 2, 4) siger. Dette er nemlig pavedømmet, som ophøjer sig over Gud. Hvad skal man nu gøre med sådanne mennesker, ja med sådanne grove Heinzer og store æsler, som mener at Guds Ord er et rør, som blæser hid og did i vinden (Matt 11, 7) og som de anser sig for at have magt over? Eller, hvad de snarere mener, er Guds Ord som et betalingsmiddel, som efter deres fordømte frækhed skal have den værdi, de selv bestemmer, beroende på om de opskriver eller nedskriver det. Så fint forstår de, hvad kirken er, og just i dette stykke viser de, at de dybt foragter Gud og hans Ord og dertil sætter sig selv over Gud. Derfor kan de ikke udgøre hans kirke. Og den grove skælm, skurk og tølper, alle æslers æsel i Wolffenbüttel, udstøder så sit æselskrig, dømmer og forkætrer, selvom han alligevel ikke kan lære sig noget, om han så studerede hundrede år og lyttede til sine mestre i hele pavedømmet angående, hvad kirken eller kættere er, hvad en kristen og en frafalden er. At forstå dette er for højt for dem. Men hvad mordbrand er, det skulle han vel kunne lære både sine mestre og paven selv.

Den hellige kristne kirke (jeg taler nu med vores folk, for hos paveæslet eller heinzerne, klodserne og stenene findes ingen fornuft, de hverken ser eller hører) er ikke noget rør eller betalingsmiddel. Nej, den vakler ikke og giver ikke efter som Djævelens skøge, pavekirken. Som en ægteskabsbryderske mener disse, at de ikke længere må holde fast ved sin ægtemage, men de kan vakle, give efter og tillade alt præcis, som horjægerne vil have det. Nej, den rette kirke er "sandhedens søjle og grundvold" (siger Paulus i 1 Tim 3, 15). Den står fast, siger han, er et stærkt fæste og en sikker grund og ikke nogen falsk eller løgnagtig grund, men sandheds grund, som ikke lyver eller bedrager eller omgås med løgn. Men det, som vakler eller tvivler, kan ikke være sandhed. Og hvad skulle det være for nytte i verden med Guds kirke, og hvad skulle den tjene til, hvis den vaklede og var uvis i sine ord og hver dag kom med noget nyt. Sommetider ét og sommetider noget andet?

Sommetider lagde den noget til, sommetider trak den noget fra. Ja, hvad skulle vi have en sådan Gud til, som skulle vakle og tvivle på det, han lærte? Om hvordan papisternes teologi lærer, at man skal tvivle på Guds nåde, derom er skrevet nok på andet hold. For også om papisterne havde vundet i alle andre sager, er de alligevel fortabt i *dette hovedstykke, da de lærer, at man skal tvivle på Guds nåde,* om vi ikke i forvejen er værdige nok gennem vor egne fyldestgørelser, egne fortjenester og helgenernes forbønner. Dér har I jo alle deres bøger, breve og segl, kloster, stiftelser og dertil tonsurer og messer.

Men da de lærer dette stykke, at de grunder sig på sine gerninger og på tvivlen - for de kan ikke gøre andet - så er det sikkert, at de må være Djævelens kirke. For det findes bare to veje og kan ikke findes flere end disse: Den ene, som forlader sig på Guds nåde, og den anden, som bygger på vor fortjeneste og vor gerninger. Den første er den gamle kirke og alle patriarkers, profeters og apostles vej, som Skriften vidner om, mens den anden er paven og hans kirke. Dette kan ingen fornægte, end ikke Heinz og alle djævle. Dér står (som ofte sagt) deres eget vidnesbyrd i alle bøger, buller, segle, breve, stiftelser og kloster, så at man kan bevise det for hele verden.

Og dér står Peter med ApG 4, 12: ”Der er ikke frelse i nogen anden, ja, der er ikke givet mennesker noget andet navn under himlen, som vi kan blive frelst ved." Mod dette taler pave Heinz i Rom: Ikke sådan, men det findes mange andre navne, hvorved mennesker kan blive salige, især mit navn og senere alle som jeg vil, Frans, Dominicus og alle egne gerninger, som giver mig penge og lægger konger og kejsere ved mine fødder. Her findes hellighed og salighed og vi behøver ikke længere Kristus og har ingen nytte af ham.

Men lad os komme tilbage til sagen. At Kristi kirke ikke kan lyve eller bedrage, må de selv uden noget tak bekende, for hvor skulle de ellers gå hen? De må sige, at denne kirke er en klippe, Matt 16, 18, mod hvilken helvedets porte ingenting formår, eller som Paulus siger det (1 Tim 3, 15): Sandhedens søjle og grundvold. Men at de bekender dette, har vi ikke dem at takke for, siger jeg, for også barnetroen siger, at der findes en hellig, kristen kirke og Paulus lærer i 1 Kor 3, 17: "Hvis nogen ødelægger Guds tempel, skal Gud ødelægge ham. For Guds tempel er helligt, og det tempel er I." Derfor kan og må den hellige kristne kirke ikke tåle nogen løgner eller falske lærere, men må lære alene det som er helligt og sandt, nemlig Guds Ord alene. Og om den lærer en eneste løgn, så er den allerede afguderisk og en Djævelens skøgekirke.

Hvad hjalp det Israels konger at de roste sig af at tjene Israels Gud, som havde ført dem ud af Egypten? Med dette tænkte de på sine fædres rette Gud og de holdt også hele Moseloven. Men fordi de også ved side af dette tilbad kalvene eller Ba'al eller på nogen anden måde ud fra menneskelig andagt stiftede en egen, ny gudstjeneste for at ære den rette Gud, så var alt fortabt. For mod dette stod Guds forbud: "Du må ikke have andre guder end mig". Og i 5 Mos 4, 2 havde han strengt forbudt dem at komme med noget nyt og anderledes eller foretage sig noget eget og han sagde: "I må ikke føje noget til det, jeg befaler jer, og heller ikke trække noget fra, men I skal holde Herren jeres Guds befalinger, som jeg giver jer." Dvs. du skal ikke gøre det bedre eller værre, ikke give efter eller ændre det. Derfor læser vi overalt hos profeterne, at de straffede kongerne, præsterne og folket, for at de hele tiden opfandt nye veje og ikke blev tilbage på den eneste rette vej.

For hvad det end er, som afviger fra Guds Ord, som er den eneste vej, som han siger: "Jeg er vejen og sandheden og livet" (Joh 14, 6), det må se så godt og smukt ud som det kan, så er det helt sikkert vildfarelse, løgn og død. For det er uden Guds Ord, altså uden vej, sandhed og liv. Og hvad skulle vi have Ordet til, hvis vi uden det selv kunne finde den rette vej? *For Ordet er den eneste lygte* for var fod og lys på vor sti (Sl 119, 105), som lyser i denne verdens dystre mørke, som Peter siger (2 Pet 1, 19). Den, som ikke hele tiden flittigt holder det frem for sine øjne, må havne i mørket. For det er kun lyset, som kan lede os ret i mørket.

Lad os nu se på alle nye stykke efter hinanden, som er opkommet i pavens nye kirke. Vi finder da at de alle er uden Guds Ord, det vil sige uden vej, sandhed og liv. De er bare kommet til gennem menneskelig fromhed eller forgodtbefindende eller blevet påhittet af pavens ondskab. Derfor, ligesom pavens kirke er fuld af aflad, egen fortjeneste, broderskaber, helgendyrkelse, munkvæsen, messer, fyldestgørelser og lignende, som før nævnt og som udgør deres gudstjeneste, så er den også fuld af vildfarelse, løgn, afguderi, utroskab, mord og med et ord: alle djævles kirke. For de kan ikke sige, at Guds ord lærer sådanne stykker. Men når de nu må bekende, at den hellige kristne kirke må være hellig og en grund for sandheden uden vildfarelse og løgn, ”fordi kirken ikke kan fare vild”, så må de samtidigt bekende, at de ikke kan være en sådan hellig kirke. Deres kirke er jo fuld af forskrækkelige vildfarelser, løgn og afguderi, og derfor udgør de den bortløbne, frafaldne og skændige skøge af Djævelen. Ham følger de og tjener gennem sådanne onde løgne.

Nu kunne en godtroende mand (som man plejer at sige) måske komme med følgende argument. Hvad skader det da, om man holder fast ved Guds Ord, men desuden har nogle af disse stykke tilbage, som godt kan tolereres? Jeg svarer: De må kaldes godtroende eller godhjertede, men er i selv værket i deres hjertet vildfarende og forførte. For du hører, at Guds Ord ikke kan tåle, at man lærer noget andet ved side af dette. Man kan ikke tjene nogen anden ved siden af Gud og man må ikke ved siden af det lys, som Gud har tændt i mørket, tænde noget andet lys (Matt 6, 22). Det er virkeligt vildfarelse og vranglære, om det så bare var et eneste stykke, for kirken skal og kan ikke lære løgn eller vildfarelse, ikke engang på ét eneste punkt. Lærer den én eneste løgn, så er alting falsk, som Kristus siger i Luk 11, 34-35: ”Dit øje er legemets lys. Når dit øje er klart, er også hele dit legeme lyst; men er det mat, er også dit legeme mørkt. Se derfor til, at lyset i dig ikke er mørke!” Dette indebærer, at alt alene må være lys, og at slet intet mørke må findes dér. Kirken må lære idel Guds Ord og sandhed, men ikke én eneste vildfarelse eller løgn. Hvordan skulle det kunne være anderledes? Guds mund er jo kirkens mund og omvendt. Gud kan jo ikke lyve, altså kan kirken heller ikke gøre det.

Forskel mellem lære og liv

Det er selvfølgelig sandt, at kirke ikke er uden synd, hvis man ser til livet. Sådan bekender vi i Fadervor: ”Forlad os vor skyld”, og i 1 Joh 1, 8: ”Hvis vi siger, at vi ikke har synd, lyver vi og gør Gud til en løgner”. Han anklager jo os alle for at være syndere i Rom 3, 23, og Sl 14, 3 og 51, 7. *Men læren må ikke være syndig eller fejlagtig,* og den hører ikke hjemme i Fadervor, når vi beder: "Forlad os vor skyld." For læren er ikke noget vi gør, men Guds eget Ord, som ikke kan synde eller gøre uret. *For en præst må ikke bede Fadervor eller søge syndernes forladelse, efter at han har prædiket* (om han er en ret præst), men han må med Jeremias sige og rose sig: "Herre du véd, at det, som er gået ud af min mund, er ret og behager dig" (Jer 17, 16). Ja, med Paulus og alle profeterne og apostlene skal han trodsigt sige: Sådan har Gud selv sagt. Og videre: Jeg har i denne prædiken været en apostel og Jesu Kristi profet. Her behøves det ikke og det er aldeles ikke godt, hvis jeg beder om forladelse, som om jeg havde lært uret. For det er Guds og ikke mit Ord, som Gud hverken skal eller kan tilgive. Nej han skal i stedet bekræfte, love og prise det og sige: Du har lært ret, for jeg har talt gennem dig og Ordet er mit. Den, som ikke kan rose sig af en sådan prædiken, bør undlade at prædike, for han lyver sanderlig og spotter Gud.

Om Ordet var synd eller uret, hvad skulle da livet rette sig efter? Da skulle jo en blind lede en anden, så at begge faldt i grøften. Om blyloddet eller vinkelhagen var falsk eller skæv, hvordan skulle da en mester kunne arbejde efter den? Da skulle den ene skævhed lede til en anden skævhed uden ende. Sådan er det også her. *Livet må vel være syndigt og uret, ja, er desværre alt for uret, men læren må være snorlige og absolut uden nogen synd.* Derfor må intet andet prædikes i kirken end Guds visse, rene og eneste Ord. Om dette mangler, så er det ikke længere kirken, men Djævelens skole. Det er som en from ægtehustru (det eksempel som profeterne altid anvender), som ikke skal lytte til noget andet end sin ægtemands ord i huset og i sengen. Lytter hun til nogen andens ord, som ikke hører hjemme i ægtemandens seng, så er hun forvist en skøge.

Alt dette siges nu, for at kirken kun skal lære Guds Ord og være vis på det. Gennem dette kaldes den med rette sandhedens grundvold, opbygget på klippen, hellig og ustraffelig. *Derfor siger man helt rigtigt: Kirken kan ikke tage fejl, for Guds Ord, som den lærer, kan ikke tage fejl.* Men når man lærer noget andet og sår tvivl om, hvad som er Guds Ord, da kan det ikke længere være kirkens lære, men det må være Djævelens lære, løgn og afguderi. For fordi Djævelen er en løgner og fader til al løgn, kan han ikke sige: Så siger Gud, men det er, som Kristus siger i Joh 8, 44: Han må tale ud fra sig selv, hvilket indebærer at han lyver. Altså må også alle hans børn uden Guds Ord tale af sig selv, dvs. lyve.

Se nu, min kære ven, hvilken underlig sag dette er. Vi som forvist lærer Guds Ord er så svage og forsagte af stor ydmyghed, at vi ikke gerne vil rose os af at være Guds kirke, hans vidner, tjenere og præster og at Gud taler gennem os, selv om vi forvist er det, fordi vi med vished har hans Ord og lærer i overensstemmelse med det. En sådan forsagthed kommer af, at vi med alvor tror, at Guds Ord er så herligt og majestætisk. Derfor kender vi os alt for uværdige til dette, at en så stor sag skulle forkyndes og udrettes gennem os, som dog lever i kød og blod. Men vore modstandere, Djævelen, papisterne, sekterne og hele verden er glade og uforskrækket og taler frimodigt med stor hellighed: Her er Gud, vi er Guds kirke, hans tjenere, profeter og apostle. Sådan har alle falske profeter gjort til alle tider, og derfor kan også Pølse-Heinz rose sig af at være en kristen fyrste. *Men ydmyghed og frygt over for Guds Ord har altid været det rette kendetegn på den rette, hellige kirke,* mens lyst og begær til menneskepåfund altid har været Djævelens rette kendetegn, som man også tydeligt mærker i pavens smudsige dekreter.

Dette er talt *om læren*, som må være ren og lutret, nemlig det kære, salige, hellige og eneste Guds ord, uden nogen tilsætninger. *Men livet*, som dagligt *skal rette sig efter læren, samt derigennem renses og helliges*, er endnu ikke blevet helt rent og helligt, fordi denne madsæk af kød og

blod lever. Fordi dette værk af *renselse eller helligelse* på-
går hos synderen hele livet og han stadig lader sig be-
handle af samaritaneren og ikke længere fordærves mere
og mere i urenhed, får han forladelse af nåde for Ordet
skyld. Gennem dette Ord bliver han helbredt og renset,
hvilket regnes ham til gode, så at han gennem denne *gave
og forladelse* må kaldes ren. Derigennem er den hellige
kristne kirke ikke længere nogen uren skøge, fordi den
holder fast ved Ordet (som er dens helligdom) og således
forbliver ren. I er rene (siger Kristus i Joh 15, 3), ikke i
kraft af jer selv, men på grund af det Ord, jeg har talt til
jer.

For Ordets hellighed og lærens renhed er så mægtig og
sikker, at selv om Judas, Kajfas, Pilatus, paven, Heinz og
Djævelen selv skulle prædike det eller døbe med den rette
dåb (uden alle tilsætninger, rent og ret), *så skulle virkeligt
det rette, rene Ord og den rette, hellige dåb blive modta-
get.* Sådan må der altid findes hyklere og falske kristne i
kirken og en Judas blandt apostlene. På den anden side er
den urene lære, som er uden Guds Ord, så forgiftet og ond,
at selv om Peter, ja en engel fra himlen prædikede det,
skulle han være forbandet (Gal 1, 8). Derfor kan falske læ-
rere og døbere eller tilhængere af en forfalsket nadver ikke
være eller forblive i kirke, som Salme 1 siger. For disse
handler ikke bare mod livet, som kirken må tåle, især hvis

det sker i det skjulte, men de handler også mod læren, som må lyse og skinne offentligt, så at livet kan rette sig derefter.

Sådan har man lært fra begyndelsen, som Johannes siger (1 Joh 2, 19): "Fra os er de udgået, men de var ikke af vore." Og: "De er i kirken, men ikke af kirken", samt: "De tælles med, men er det ikke i sandhed". Derfor har man gjort denne forskel: *Ikke alle, som fremtræder som kristne, er virkelige kristne.* Men når det kommer til læren og man dér bliver uenig, da deles de, så det viser sig, hvem som er rette kristne, nemlig dem, som har Guds Ord rent og klart.

Dette må nu være nok for denne gang om den rette kirke, som det er meget at sige om.

Om at tilbagegive kirkegodset

Hvis nu papisterne kan bevise, at de er den rette, hellige kirke og at de ikke har lært den utugtige kirkes ovennævnte artikler, eller at vores artikler ikke er den gamle kirkes artikler, ja, da må vi vel bekende, at vi er kættere og frafaldne. Men om de ikke kan bevise det, så må de til gengæld bekende, at de er Djævelens rette skøgekirke, som er løbet bort fra sin Herre Kristus og har ladet Djævelen gøre dem urene ved nye og fremmede lærer. Sådan, mener jeg, skulle det med sikkerhed også vise sig at være, om jøder og hedninger eller andre med menneskelig fornuft skulle dømme mellem os og dem.

Om de nu ikke er kirke, men Djævelens horer, som ikke er blevet hos Kristus, så er det i grunden helt klart, at de ikke har ret til at eje kirkegodset og meget mindre pukke på, at man på ny skulle indsætte deres folk hos os og tilbageføre godset til dem (hvilket de hidtil har forsøgt at formå både kejseren og riget til). For det skulle være, som om de onde ånder krævede af englene, at man skulle genindsætte dem i himlen, selvom de dog véd og bekender, at de ikke længere er Guds engle, men Guds fjender, som hører hjemme i helvedets ild. Eller om jeg skulle tale om mennesker, så var det som om en tyv eller morder skulle kræve de penge og ejendele tilbage, han havde stjålet og røvet, men som senere blev taget fra ham af domstolen og nu ligger dér eller er kommet tilbage til sin rette ejer. Hvis ikke, truer han med at blive en Heinz mordbrænder.

Men nu findes det ingen dommere på jorden i denne sag, for modstanderne er selv en af parterne. De har alligevel i forvejen udset sig selv til de højeste dommere. Derfor gælder deres dom efter al ret, lige så lidt som vor dom gælder hos dem, da vi udgør den anden part. Vi må derfor lade det hele have sin gang og vente på den rette dommer. Ellers, om der fandtes nogen dommere på jorden i denne sag, skulle udslaget blive, at de (den anden part) ikke skulle kunne tolerere nogen genoprettelse, men var værd, at man jagede dem ud i verden og gjorde med dem, som kong Jehu gjorde med Ba'als tilhængere eller som kong Josia gjorde med præsterne i Samaria og Betel. For de er (som vi oven for har bevist) for Gud, efter Den Hellige Skrifts dom, den rette morderhule og Djævelens skøge. Af dette følger at de har forgrebet sig på kirkens ejendom, den fattige kristenhedens ejendom, som virkelige kirkerøvere, som stjæler fra Gud selv. De har revet det til sig med vold, beholder det helt frækt og udøver desuden forfølgelse. Men dette skader dem selv til både krop og sjæl, til både timligt og evigt fordærv.

For et barn på syv år, ja også en stor nar, kan let regne ud på fingrene, hvad det grove paveæsel og hans fordømte Heinz ikke kan forstå. De velmenende kejsere, fyrster, herrer og fromme personerne før i tiden har helt sikkert ikke skænket sine ejendele for at opretholde Djævelens skøge og idel afguderi og udsmykke dette og ære det. Endnu mindre har de dermed villet opfostre og underholde sjælemordere, kirkerøvere, heinzer og mordbrændere, men de har villet underholde de kære kirker og skoler, det vil sige Guds Ord, prædikeembedet og andre kirkelige tjenester, teologerne, prædikanterne, sognepræsterne og desuden fattige mennesker, enker, faderløse og syge, til Guds lov og ære.

For det er ikke skøgernes, mordernes, gudsbespotter-
nes, Heinz mordbrændernes eller Djævelens ejendom,
men kirkens ejendom. Den er ikke bare købt, solgt og stjå-
let gennem simoni og alle slags laster af de åndelige djæ-
velsskøger i pavens morderhule, men også ved vanhelli-
gelse af de fysiske skøger og horkarle gennem al mulig
købslåen, så at det hele er blevet meget værre end Sodoma
og Gomorra. Fattige præster, skolelever og almindelige
mennesker har ikke fået en eneste krone af dem, for de er
for fine til at give så ringe gaver. Disse afskyelige epiku-
ræere håner og bespotter både Gud selv, hans ord og hans
kirke. Ja, dette er deres smukke, hellige kirke, som stadig-
væk kalder sig hellig, og som mener, at kirkegodset tilhø-
rer dem selv og som kræver tilbagebetaling. Men det skal
ikke vare længe, inden sådanne skrækkelige, ondsindede
bespottere og rasende mordere må tage imod den rette til-
bagebetaling.

Men fordi vi ikke har nogen dommer her på jorden, så
vil vi foruden dette, at vi har Guds, den højeste dommers,
egen domsafsigelse i Den Hellige Skrift, også anvende pa-
pisternes egen bedømmelse og egne vidnesbyrd mod dem
selv. For følgende sagde hertug Georg, usalig ihukom-
melse: Han gik med på, at mange misbrug havde sneget
sig ind i kirke, men at en enkel munk skulle komme ud af
en hule og foretage sig en sådan reformation, kunne man

ikke tåle. Dér ser I, at han indrømmede (uden tvivl var han ikke alene), at jeres kirke er fuld af misbrug. Det betyder så meget som, at den ikke er den rene, rette kirke. For den sande kirke skal være hellig og ren, uden nogen tilsætning, for ikke at tale om misbrug, som trosbekendelsen siger: "Jeg tror på en hellig, kristen kirke."

Videre har I fra jeres side på rigsdagen i Augsburg sammen bedt kejseren, at han hos paven skulle udvirke, at der ikke blev sendt mere aflad til noget tysk område, fordi den dér blev foragtet. Her bekender I selv, at afladen er noget foragteligt, det vil sige et misbrug og afguderi. For hvis I holdt den for ret og god som en ren gudstjeneste, skulle I ikke med god samvittighed kunne foragte den eller bede om, at den skulle afskaffes. Dér vidner jeres samvittighed gennem jeres eget ord, at jeres kirke er et urent afgudshus. Med denne falske, tomme og bedragelige aflad har I tjent og tjener endnu Djævelen, men ikke Gud.

For det tredje har kardinalen i Mainz sagt: Hvorfor skal vi disputere så meget. I har en artikel, som vi véd og ikke kan fornægte, at den er ret, nemlig ægteskabet. Men dog kan vi ikke antage den. Om han i Mainz aldrig sagde mere, så er I alligevel i og med dette for altid overvundet, fordi mange af de bedste hos jer nu bekender dette offentligt. Sig mig nu, om du mener, at det bare er en lille, ubetydelig

Djævelens skøge som sætter sådanne forskrækkelige artikler op (eller afguder) i sin kirke, som stifter, lærer, ærer og holder fast ved dette: at man skal holde Guds skabelse, værk, ordning og velsignelse som noget fordømt og forbandet, som den største synd. Hvilket ondt skulle Djævelen selv, Guds fjende, komme med om han ville stifte noget mod Gud? Hvordan har jeres kirke kunnet være hellig med en sådan vederstyggelighed, om I end havde levet som alle kyske jomfruer, men samtidigt tjent sådanne afguder? For Gud har forbudt jer dette, som en lære fra Djævelen (1 Tim 4, 1). Og I må selv klage over den slags frugt og hellighed, som er fremkommet gennem denne afgud og hans falske gudstjeneste i jeres kirke. For dér er Rom, stiftelserne og hele den åndelige stand som vidner om dette. Ja, deres synd har opfyldt himmel og jord med skam og skrigende blodsskyld. Hvor er her jeres hellige kirke, som gennem sådanne vederstyggeligheder er blevet gjort til skøge af Djævelen?

Og hvad har I selv gjort, når I nu ønsker et kirkemøde? Først lover I det, senere fortryder I det og så henter I det ind igen, frem og tilbage. Om jeres kirke er hellig, hvorfor frygter I da et kirkemøde? Hvad skulle den have for behov af reformation eller kirkemøde? Om den behøver et kirkemøde, hvordan kan den da være hellig? Ville I også reformere jeres *hellighed? Vi for vor del har aldrig ønsket no-get kirkemøde for at reformere vor kirke. For Gud Hellig-ånd har gennem sit hellige Ord for længst helliget vores kirke.* Ja, i høj grad udrenset alt paveligt skøgevæsen og afguderi. Derfor har vi nu - Gud være lov - alting hos os rent og helligt, ordet rent, dåben ren, nadveren ren, nøg-lerne rene. Ja, alt som hører til den rette kirke, har vi hos os helligt og rent, uden al menneskelig lære, uden tilsæt-ning og smuds. Livet går vel (som ovenfor sagt) ikke helt og holdent efter dette, sådan som vi gerne skulle ønske, som også profeterne og apostlene klager over. For dette sker først, når vi bliver lig englene (Matt 22, 30).

Men vi ønsker et kirkemøde for at vor kirke skal blive hørt og vor lære frit må komme ud i lyset. Dermed skulle jeres horeri i pavedømmet blive kendt og fordømt, og hver og en som er blevet forført gennem det, skulle med os kunne *blive omvendt* og ført til den rette, hellige kirke, så at den forøgedes. Men til dette har I og jeres gud, Djævc-len, ikke noget mod, men I er som flagermus, muldvarper, natugler og andre lyssky dyr, som ikke kan tåle lyset. I værger jer med al magt og med al slags list, for at vi ikke skal kunne komme derhen. I vil ikke, at sandheden skal komme frem i lyset, blive hørt og behandlet. Men Gud fortsætter at udføre sit værk og kommer med mere lys, jo mere I værger jer mod det. Til sidst bliver I alligevel til skamme og må da lide for det. Tror I, at dette at I flygter fra slagmarken, er forsagte og elendige lyssky skal kunne gøre os forskrækket og jer selv modige? Det overlader jeg til jeres egen samvittighed og hjerte at afgøre.

Jeg konstaterer at I nu selv bekender og må bekende hvilken uren kirke I har - jeg taler da ikke om livet, men om læren. I har så mange forskrækkelige løgne og falske lærer og vil ikke opgive dem. Derfor må I også bekende, at I ikke er den hellige kirke, men Djævelens kirke. Det gælder især dem, som holder fast ved dette og tvinger andre til det. For de tilbeder med vidende og vilje Djævelen i hans løgne, fordi de bekender, at artiklerne er urette. Sådant gør I fra paven øverst ned til de underste præster og munke. Dette er den rette kerne, den bedste gruppe, som I mener udgør jeres kirke, og da er de verdslige stænder ikke medregnet. For de, som sørger over dette, de tilhører ikke jeres djævelske horkirke, men de hører hjemme hos os i den gamle, rette, hellige kirke.

Videre, fordi vi har jeres eget vidnesbyrd og bedømmelse, så kan I ikke anklage os for at være kættere og frafaldne, men I må give os ret i, at vi er den rette kirke, som har forladt jeres åbenbare vederstyggeligheder og urette artikler. På den anden side må I erkende, at I selv er Djævelens kirke, fordi I forsvarer åbenlyse vederstyggeligheder og urette artikler, holder fast ved dem og tvinger andre til at bekende dem. I har ingen ret til at fordre kirkegods tilbage som noget, der er frataget jer, men tværtimod er det sådan at det kirkegods, som I nu har, er I skyldige at give tilbage, som de gudstyve og kirkerøvere I er og fører det tilbage til den rette kirke. Og selv om I havde en sådan uforskammet pande som en skøge, der ikke kan skamme sig, som profeterne siger, så må I alligevel gå med på, at denne dom er rigtig. For også træ, sten, skidt og møg skal til sidst skrige mod jer, fordi det ikke kan være på nogen anden måde. En ussel skøge kan ikke være en from, tugtig jomfru. Derfor skal den heller ikke være nogen kirke, ikke regere nogen kirke, ikke eje noget kirkegods. Dette er summen af det hele.

Det, som tilhører Gud, skal man ikke give kejseren

Når Heinz anklager kurfyrsten og os alle for at være oprørske, svarer vi med, at han da selv bider sig i bagen og lyver som en skændig løgnhals eller, som det står i Salme 37, 15, lader sværdet gå gennem sit eget hjerte. Men fordi jeg véd, at han i hele sit liv endnu ikke har forstået forskellen mellem lydighed og ulydighed, så kan han ikke forstå, hvad oprør eller landsfred er, som hans skrift og hele hans liv viser. Og også om han fattede hvilken ond sag dette er, så er han alligevel så besat af Djævelen, at han både selv er sådan og løgnagtigt anklager andre for det. Men Gud til tjeneste og den heinzske djævel til fortræd bekender vi sandheden, at vor fyrster og herrer altid af hjertet har været trofaste og lydige mod kejseren, som hele riget offentligt kan bevidne. For når de blevet indkaldt til rigsdage eller til krigstjeneste, så har de været de første til at komme. Du pølsedjævel er en rigtigt grov pølse [ordspil på Hans Wurst: Pølse-Hans], som lyver så skamligt mod rigets vidnesbyrd.

Men om din Heinz mener, at vor fyrster ikke lyder de kejserlige edikter, når vor kirker og vor lære fordømmes, da roser vi os og takker Gud, som i nåde har bevaret os, så at vi ikke med jer står sammen i en sådan fordømt lydighed. For dér står Gud, som forbyder os det og siger (Matt 22, 21): "Giv kejseren, hvad kejserens er, og Gud, hvad Guds er", og Sl 115, 16: "Himlen er Herrens himmel, men jorden gav han menneskene." Himlen eller Himmeriget skænkes ikke af kejseren som et len. Gud kan ikke være kejserens tjener, men kejseren skal og må være Guds tjener. Som Sirak siger (Sir 17, 17): "Da han fordelte alle jordens folk, satte han en leder over hvert enkelt folk, og Herrens del er Israel." Gud vil selv alene regere og lære i kirken. Et sådant regimente har han aldrig givet fra sig eller ladet gå fra sin hånd, som Salme 60, 8 vidner: "Gud taler i sin helligdom."

Derfor må I papister, når det gælder sådanne stykker angående lydighed stride med Gud selv og ikke med os. I må først gøre det helt klart og vist for os, at vi (ligesom I selv) skal give kejseren det, som tilhører Gud. Ellers gør vi det ikke, men tager imod jeres smæden og jeres løgne med stor glæde, fordi I dermed giver os vidnesbyrd om og bekender, at vi ikke tager det fra Gud, som tilhører ham og giver det til kejseren. Altså hjælper I os med jeres giftige løgne, så at vi kan rose os af sandheden og ikke behøver leve i jeres forbandede lydighed. For Gud har forbudt kejseren, ja alle engle og skabte væsner at i hans Himmerige, det vil sige i kirken, at lære noget andet ord, som Paulus udtaler med et forskrækkelig tordenbrag: "Om så vi selv eller en engel fra himlen forkyndte jer et andet evangelium end det, vi har forkyndt jer, forbandet være han." (Gal 1, 8). Nu har vi ovenfor redegjort for nogle stykke blandt disse utallige, nye, anderledes lærer (som Paulus her kalder forbandelser), hvormed jeres pavelige nye skøge- og djævelskirke er opfyldt. Derfor kan hverken kejseren eller noget skabt væsen tvinge os til en sådan forbandet lydighed. Ja, han må i stedet holde sig selv derfra sammen med os, hvis han ikke gennem Paulus' tordenbrag vil blive forbandet og sønderslået til helvedets bund.

Gud har befalet tilstrækkeligt meget til kejseren, ja mere end han kan udrette, nemlig dette jorderige, det vil sige liv og gods. Dér ophører hans embede. Om han også ud over dette griber ind i Guds rige, så røver han fra Gud det, som er Hans, hvilket kaldes sacrilegium, at stjæle fra Gud, eller som Paulus kalder det i Fil 2, 6 ”at røve det guddommelige”, når nogen vil være lige Gud, som han alligevel ikke kan være. Da må han røve, for til gave kan han ikke få det. Hertil findes der bare en eneste arving, som ikke har røvet, og ikke heller har villet røve det (som både Djævelen i Himlen og Adam i Paradis gjorde). Ham har Faderen givet denne arv fra evighed, for det er Ham medfødt af natur. De, som nu forsøger at råde den fromme kejser Karl til dette, eller gør det under hans segl, er lige så fromme dyr som slangen i Paradis. Kejseren skal forblive under Gud og holde sig til sine begrænsede opgaver (lige så vel som alle andre skabte væsner), for her i kirken vil Gud overalt være den eneste, som taler. Her kan han ikke tåle nogen anden.

Lad mig tale tydligt. Præcis som en ægtemand eller brudgom kan lade andre udføre mange opgaver i sit hus, kan den ene tjener kaldes kejser, den anden konge. De skal forvalte husbondens ejendom, alt hans gods, den ene hans marker, den andre hans vingård, kvæg, fisk, klæder, penge og andre ejendele. Men ind i soveværelset, til ægtesengen, må ingen tjener komme. Han må hedde kejser eller konge. For det fører til døden (siger Salomo, Ordsp 14, 12). Her hører kun brudgommen hjemme, og her skal bruden ikke høre noget andet ord end sin brudgoms, som Johannes Døberen siger: "Den som har bruden, er brudgom." (Joh 3, 29). Altså kan og vil Gud ikke tåle nogen anden ved sin side i kirken. Her skal man kun høre ham selv og hans ord. Ellers var det en horer og ikke hans brud.

Af dette kan man nu vel forstå hvad I heinzer og heinzlinger gør, når I anklager os for at være oprørsmagere, fordi vi ikke sammen med jer lyder de kejserlige edikter. I bekender nemlig, at vi er Kristi brud, som bevarer Kristus og hans ægteseng ren, og at vi ligesom den tro og lydige Josef, tjener i vort befalede embede. På den anden side viser I jer som brunstige horkarle og ægteskabsbrydere, det er fordømte gudsrøvere eller himmelstormere, som bryder ind hos Herren i hans brudekammer og vil gøre hans brud til en skøge. Men han slår jer med blindhed som sodomitterne, så at I ikke kan finde døren, men lader jer i stedet finde jeres lige, horer og ægteskabsbrydere, som lyder jer og som farer til Djævelen sammen med jer.

Kort sagt: Strid først om dette med Gud selv, om man skal have ret til at høre og lære noget andet i kirken end Guds Ord. Eller bevis at jeres ovennævnte stykke er Guds Ord og at I er den hellige kirke, så skal vi give jer ret, og da vil vi gerne være jer lydige. For hvad nytter det, at I

driver så hårdt på konsekvensen, når I forbigår forudsæt-
ningen? Striden gælder jo ikke konsekvenserne, men pre-
misserne. Defineres kirken tydligt, så følger lydigheden
med nødvendighed. Og modsat: Defineres kirken ikke, så
følger ingen lydighed. Disse ting må høre sammen. Dette
indser I, hvis der endnu findes en smule dialektik tilbage
hos jer.

Det må nu være talt nok om kirken for denne gang mod
papisternes spottemund.

Den Store Lutherserie